27
Ln 14756.

DISCOURS

PRONONCÉ

SUR LA TOMBE

DE JEAN-BAPTISTE ROUSSILHE MORAINVILLE,

DÉCÉDÉ A PARIS, LE 8 MAI 1822;

PAR J. GIRARD,

Chevalier de l'Ordre royal de la Légion-d'Honneur, directeur de l'École royale vétérinaire d'Alfort, membre titulaire de l'Académie royale de médecine, de la Société royale et centrale d'agriculture, etc.

—————

A PARIS,

DE L'IMPRIMERIE DE MADAME HUZARD

(Née VALLAT LA CHAPELLE),

Rue de l'Éperon Saint-André-des-Arts, N°. 7.

1822.

DISCOURS

Prononcé sur la tombe de Jean - Baptiste Roussilhe Morainville, *décédé à Paris, le 8 mai*
1822.

L'éloge des hommes que de signalés services
ont dû rendre chers à leur patrie, dont la longue
et honorable carrière a été consacrée sans re-
lâche au bonheur de leurs concitoyens, est tout
entier dans l'exposé de leurs utiles travaux.
Leurs seules actions suffisent pour les appré-
cier, toute autre louange pâlit auprès de celle-là;
l'appareil des distinctions honorifiques ne fait
souvent qu'agrandir le tableau sans en augmenter l'intérêt, et la seule simplicité d'un récit
fidèle, étant le plus bel éloge qu'on puisse en
faire, est en même temps le moyen d'augmenter
les regrets en rappelant à la mémoire toute l'é-
tendue de la perte que l'on a faite.

Tel fut, vous le savez, Messieurs, l'homme
bon et sensible que nous pleurons. Chaque an-
née, chaque instant de sa vie fut marqué par un

bienfait, par une entreprise utile : vous rappeler ses bonnes actions, ses vues philantropiques, c'est vous faire l'histoire de chacun de ses jours, c'est vous présenter le recueil de bons exemples, de précieux souvenirs et d'heureuses inspirations.

Jean–Baptiste Roussilhe Morainville naquit à la Malvieille, arrondissement de Saint-Flour, département du Cantal, le 27 février 1732. Fils d'un honnête cultivateur, sorti de cette classe où l'éclat d'un nom distingué et d'une grande fortune ne semble point devoir tenir lieu de tout et dispenser du tribut que les hommes se doivent entre eux, il sentit de bonne heure que chaque individu n'était point jeté sur cette terre pour y jouer un rôle isolé, qu'il fallait concourir pour sa part à la prospérité commune, et rendre aux autres par son travail ce qu'on retirait de leur industrie.

Nous ne parlerons des premières années de sa vie que parce qu'elles sont souvent le gage des succès futurs. Au collége des jésuites de Saint–Flour, où il fit ses études, il se distingua constamment par un zèle et une aptitude remarquables. Les avantages qu'il obtint, furent dus sur-tout à l'extrême développement de sa mémoire, faculté qui, dirigée par un jugement sain, devient presque toujours, dans un âge plus avancé d'un prodigieux secours, quelque carrière que l'on embrasse. Vous l'avez entendu vous-mêmes, Messieurs, lorsque affaibli par son grand âge, il cherchait à rappeler en nous cette gaîté que détruisait sans cesse l'idée de sa prochaine dissolution; vous l'avez entendu raconter avec grâce et facilité une multitude d'anecdotes piquantes. S'occupait-on d'objets plus sérieux, aucune matière ne lui était étrangère, et il étonnait par les ressources de son esprit et par la subite et précise application qu'il faisait des événemens dont il avait été témoin dans le cours de sa vie.

Les brillans succès qu'il obtint dans ses études donnèrent à ses parens l'idée de lui faire embrasser l'état ecclésiastique; mais déjà le jeune *Morainville* était arrivé à cet âge où le monde se montre à nos yeux sous un nouvel aspect, où le voile se soulève, et où l'on commence à prendre une idée juste des hommes et des choses: il sentit qu'il fallait, pour devenir un prêtre utile et estimable, avoir pour cet état une vocation bien décidée, et résolut, quoique sa direction ne fût pas encore bien déterminée, de chercher

un travail plus conforme à ses goûts, et où il
pût mettre à profit les connaissances qu'il avait
acquises.

Il partit pour Paris en 1754, et se plaça comme
clerc chez un notaire, qui ne tarda pas à appré-
cier ses talens et ses rares qualités, et à lui ac-
corder toute sa confiance.

La guerre de Hanovre s'étant déclarée, il
n'hésita pas à consacrer à sa patrie l'existence
qu'il avait puisée dans son sein ; et mu par ce
noble orgueil, cet élan de patriotisme qui fer-
mentent avec le sang dans le cœur de la jeunesse
française, il suivit un officier supérieur, M. *De-
lastic*, auprès duquel il remplit, pendant toute
la durée de la guerre, la double fonction de
secrétaire et d'aide-de-camp, et à qui ses connaissances géographiques furent de la plus grande
utilité dans ce pays, que les Français, guidés par
la victoire, devaient, un demi-siècle plus tard,
apprendre à regarder comme le leur.

Rentré en France et pouvant se livrer à des
opérations plus sérieuses et plus réfléchies,
M. *Morainville* embrassa la carrière des finances,
que depuis il n'abandonna jamais tout-à-fait, et
dans laquelle il mérite toute l'admiration de ses
amis et toute la reconnaissance des gens de bien.

Qu'il nous soit permis, Messieurs, de vous rappeler quelques-uns de ses plus importans travaux : vous reconnaîtrez dans tous le même but; vous verrez que ses idées étaient constamment tournées vers l'utilité publique, et que l'intérêt de sa fortune fut toujours le moindre de ses soins.

La Couronne avait des biens engagés pour des sommes considérables, M. *Morainville* conçut le louable projet de les faire rentrer sans nuls déboursés quelconques, et eut la douce satisfaction de voir ses vues accueillies par le souverain, qui lui en délivra des lettres-patentes. Malheureusement le monarque vint à mourir, et avec lui s'éteignit l'espoir de mettre à exécution le plan qui lui avait été proposé.

Livré de nouveau à ses propres idées, et convaincu, comme il le dit lui-même dans un discours prononcé à la barre de l'Assemblée nationale, « que les forces de terre ne réglaient plus, » comme autrefois, le rang et la destinée des » états , » M. *Morainville* proposa le vaste projet de chasser les Anglais des ports de la Russie, et de reprendre auprès de cette puissance la place que ces adroits insulaires nous avaient enlevée. Ayant obtenu l'autorisation du

Roi, il envoya à ses propres frais un négocia-
teur pourvu des échantillons de toutes les mar-
chandises françaises, que les Anglais avaient
seuls alors le droit d'introduire en Russie. Pour
n'éveiller nul soupçon, l'envoyé de M. Rous-
sille traita directement avec le Cabinet russe, à
l'insçu de l'ambassadeur français lui-même, et
tout réussit au gré de ses désirs; mais ce traité,
signé et conclu, ne put encore recevoir son exécution. Au moment où Louis XVI allait le sanc-
tionner, la guerre d'Amérique éclata; et la
violente secousse que cet événement imprima
à l'Europe, la part très-active qu'y prit le roi
de France, ne lui permirent plus de songer à
un traité, dont il se fût trouvé dans l'impossi-
bilité de remplir les conditions.

Le peu de succès de ces deux tentatives et
leur renversement à l'instant où tout devait
faire croire à une prochaine réussite, ne rebu-
tèrent point *Morainville*. L'homme qui veut
fortement le bien ne manque jamais de cou-
rage, sa persévérance croît avec les obstacles,
et la résistance qu'il trouve ne fait qu'ajouter à
ses forces.

Un esprit aussi actif que le sien ne pouvait
rester en repos : aussi ne tarda-t-il pas à s'oc-

cuper d'objets moins vastes et d'une utilité plus directe, et à proposer le curage du port de Marseille par des moyens économiques. Ses idées ayant paru judicieuses et ayant été adoptées, il fut chargé d'en faire l'application (1), et se fixa à Marseille jusqu'au moment où la tourmente révolutionnaire le força de s'en éloigner. Pendant quinze années de séjour en cette ville, et en même temps qu'il surveillait ses travaux, il utilisait ses loisirs en cherchant à découvrir quelques moyens d'améliorer notre marine, sous le rapport de la construction et du radoubement des vaisseaux, et présentait aux ministres un projet sur lequel les événemens politiques ne permirent pas de fixer l'attention (2).

Revenu à Paris, en 1792, le gouvernement d'alors ne négligea aucun moyen pour profiter

____

(1) La machine inventée par M. *Morainville*, facile à manœuvrer et remarquable sur-tout par sa force prodigieuse, porte le nom de *Marie-Salopé* et sert toujours au curage du port de Marseille.

(2) La construction et la réparation des vaisseaux devaient se faire dans un bassin de remise, dont M. *Morainville* fit dresser un relief en bois, d'après les proportions d'un pouce par toise; ce plan représentait tous les objets : le bassin contenait une quantité d'eau suffisante pour

des connaissances d'un homme aussi probe et aussi éclairé. M. *Morainville* fut adjoint au comité des finances, auquel il resta attaché jusqu'en 1798, et qu'il ne quitta que pour aller remplir une mission importante, et relative à la reprise de Toulon occupé par les Anglais.

La connaissance parfaite qu'il avait acquise de toutes nos côtes maritimes sur la Méditerranée, de leurs moyens de défense, de l'utilité des différentes rades, ne pouvait être sans fruit pour un homme comme *Morainville*. De retour de sa mission de Toulon rentré au pouvoir des Français, il proposa au gouvernement le rétablissement du port de Bouc, pour la sûreté et la commodité des bâtimens qui arrivent à Marseille. Cet utile projet, entièrement

porter divers bâtimens, que l'on pouvait faire manœuvrer pour les mettre en radoub. Cette machine ingénieuse, pour laquelle M. *Morainville* dépensa plus de 40,000 fr., fut transportée à Paris au petit séminaire Saint-Sulpice, où les princes, les ministres et divers autres personnages l'examinèrent en détail et en apprécièrent toute l'utilité. Mais ce relief, dont l'exécution assurait des résultats importans, fut considéré, pendant les troubles de la révolution, comme une machine suspecte, et mise pour cette cause sous les scellés.

approuvé, fut remis pour l'exécution aux soins de son auteur, qui, après avoir fait les dispositions premières pour un aussi important travail, se vit tout-à-coup arrêté par les troubles violens qui éclatèrent dans le Midi et principalement à Marseille.

Retiré des affaires publiques, il ne cessa pas, même alors que son âge avancé lui commandait le repos, de se livrer à diverses entreprises. Il dirigea ses vues vers le commerce maritime, dont il avait toujours fait l'objet favori de ses occupations, et dans lequel il donna de nouvelles preuves de cette pénétration de génie qui lui était si naturelle. Il sut soutenir et faire prospérer cette branche d'industrie dans les temps même les plus forts de la guerre ; il entretint, malgré tous les efforts de nos ennemis, nos relations avec les Indes, avec l'Amérique, et rendit plusieurs services signalés au Gouvernement contre la puissance croissante des Anglais.

Ayant cessé le commerce maritime, il conçut de nouvelles entreprises, moins étendues et surtout moins fatigantes ; il s'arrêta à l'idée de suppléer, autant qu'il était en lui, au défaut d'une des plus précieuses denrées que fournissent les colonies, et il fonda au Gros-Caillou une fabrique de poudre de chicorée, qu'un incendie détruisit complétement. Dans ces derniers temps, il établit dans sa maison de la rue Château-Landon, une manufacture de filature de lin, dans laquelle il a fait de grands sacrifices pour parvenir à perfectionner cette branche encore si arriérée de l'industrie française.

Permettez-moi de m'arrêter un instant, Messieurs : en même temps que je vous rappelle une partie des droits de M. *Morainville* à notre amour, une réflexion amère et douloureuse semble me dire que tant de travaux utiles, tant de titres à la reconnaissance, nous en ont peut-être privés quelques années plus tôt !!! Sa santé, depuis long-temps chancelante, affaiblie par les longues veilles, reçut un choc violent par la destruction de son établissement du Gros-Caillou. A dater de cette époque, ses forces diminuèrent, ses facultés s'affaiblirent, et cet homme qui avait jusque-là semblé défier le temps, qui nous surprenait par la vigueur de son esprit, ne devint plus que l'ombre de lui-même, et nous en fûmes bientôt réduits au triste et unique espoir de lui voir terminer sans souffrances une carrière illustrée par tout ce qui peut en ce monde procurer la véritable noblesse.

Je vous ai peint, Messieurs, ce vieillard vénérable dans sa vie publique ; vous avez vu avec quelle ardeur, avec quel désintéressement il s'occupa sans cesse du bien de son pays : revenez maintenant avec moi dans le sein de sa famille, au milieu de ses nombreux amis, et vous ne vous rappellerez pas sans attendrissement cette bonté, cette obligeance, ce dévouement à tout ce qui l'entourait, cet attachement sans bornes qu'il portait à ses proches, ce tendre souvenir qu'il conservait de la maison paternelle, et cet ardent désir de la voir toujours heureuse et florissante. Ses idées se reportaient constamment vers le lieu de sa naissance, et ses dernières pensées ont été pour son berceau.

Pardonnez, si trop émus par un souvenir à-la-fois si doux et si déchirant, nous ne nous sentons pas la force de continuer. Il est de ces douleurs que l'expression ne peut atteindre, et nous craindrions d'affaiblir vos regrets, en cherchant à vous retracer le tableau des vertus de celui qui les excite.

Dors en paix, digne et excellent homme, reçois toutes nos bénédictions ; entends du haut des cieux, où sans doute tu reposes, les accens de douleur de ceux dont tu fus en tout temps le bienfaiteur et le meilleur ami !

Heureux ! si instruits et touchés par les larmes que nous voyons couler, nous pouvons, comme toi, par une vie irréprochable, consacrée tout entière au bonheur de notre patrie et au soulagement des infortunés, exciter un jour des regrets aussi profonds et aussi mérités.